Christiane Sprengel-Henning

Die Feuerwehr

Spannende Materialien für einen abwechslungsreichen Unterricht

PERSEN

Die Autorin

Christiane Sprengel-Henning hat nach der Ausbildung zur Erzieherin Sonderpädagogik und Deutsch studiert. Seit 1995 ist sie im Schuldienst an verschiedenen Schulen in Hamburg und nach der Babypause in Niedersachsen tätig. Ihr Arbeitsschwerpunkt war lange Zeit die Integration von Kindern mit Einschränkungen. Ihre Lieblingsfächer sind Kunst, Musik und Sachunterricht.

Seit 2014 arbeitet sie an einer Schule für Geistige Entwicklung. Als besondere Herausforderung empfindet sie es, für jedes Kind ganz individuell das geeignete Lernmaterial zu finden und damit Freude am Lernen zu wecken und zu fördern.

Dieses Werk ist eine Überarbeitung des Titels „Die Feuerwehr" (ISBN 978-3-8344-3622-1).

Gedruckt auf umweltbewusst gefertigtem, chlorfrei gebleichtem und alterungsbeständigem Papier.

1. Auflage 2019

Illustrationen: Katharina Reichert-Scarborough (Hauptillustratorin), Mele Brink (Handschuhe S. 32), Daniela Bühren (Gürtel S. 32), Julia Flasche (kurze Hose S. 7, Fahrradhelm S. 32), Fiedes Friedberg (Stiefel links und rechts, S. 32), Barbara Gerth (Eierbecher S. 33), Elisabeth Lottermoser (Radio S. 21, Schneebesen [Zusatzmaterial]), Manuela Ostadal (Telefon S. 22, 24, Herd S. 25, Eimer mit Sand S. 33), Kerrin Paulsen (Kind an Sprossenwand, S. 35), Anne Karen Rasch (Feuer S. 35)

Logo Feuerwehr S. 20, 37: Versandhaus des Deutschen Feuerwehrverbandes GmbH

Satz: Typographie & Computer, Krefeld

ISBN: 978-3-403-20398-8

www.persen.de

Inhaltsverzeichnis

Digitales Zusatzmaterial:

- Alle Arbeitsblätter (Word)
- Lösungen
- Extras:
  - Urkunde
  - Die Feuerwehr hilft bei einem Autounfall
  - Besuch bei der Feuerwehr
  - Feuerwehr-Rap
  - Arbeiten mit Löschmitteln
  - Schaumversuch
  - Nach einem Sturm
  - Bei einem Brand
  - Unterflurhydranten: Ein Hinweisschild hilft
  - Die Feuerwehr im Internet

Vorwort und Hinweise

Wie sieht die Ausrüstung der Feuerwehrleute aus und welche Funktionen haben Helm, Gürtel & Co.? Auf welche verschiedenen Arten kann man ein Feuer löschen? Welche Spezialfahrzeuge gibt es bei der Feuerwehr? Und wie wurde früher gelöscht, als es noch keine Feuerwehr gab?
Zum faszinierenden Thema Feuerwehr haben Kinder diverse Fragen – denn hier gibt es viel zu entdecken!
Dieses Themenheft liefert Ihren Schülern auf spielerische und motivierende Weise viel Wissen rund um die Feuerwehr. Mit Interviews, Experimenten und kleinen Projekten entdecken die Kinder die Aufgaben der Feuerwehrleute und finden in Spielen heraus, was es heißt, ein Feuerwehrmann oder eine Feuerwehrfrau zu sein.
Mit der Behandlung des Themas sollen die Kinder für die Gefahren im Umgang mit Feuer sensibilisiert werden. Außerdem lernen sie die Arbeit der Feuerwehrleute zu schätzen – sei es bei der Berufsfeuerwehr wie auch bei der freiwilligen Feuerwehr.
Außerdem lernen die Kinder den Feuerwehr-Notruf 112 kennen und erfahren, wie sie sich in gefährlichen Situationen kompetent verhalten. Hier bietet es sich auch an, das richtige Verhalten spielerisch in der Klasse zu üben.

Hinweise zum Aufbau und Einsatz dieses Themenheftes

Dieses Themenheft bietet Ihnen unterschiedliche Materialien für die 1. bis 4. Klasse zum Thema „Die Feuerwehr". Jedes Arbeitsblatt steht für sich, sodass Sie das Material unabhängig und individuell nach den Bedürfnissen Ihrer Klasse einsetzen können.
Auf den jeweiligen Arbeitsblättern müssen die Schüler[1] zum Teil Wissen aus unterschiedlichen Fächern anwenden, sodass das vernetzte Lernen ganz natürlich gefördert wird. Ein Fächerschwerpunkt wird auf den Arbeitsblättern nicht angegeben.

Aufgaben, die mit einem Stern versehen sind, kennzeichnen anspruchsvollere Arbeitsaufträge. Diese können zur qualitativen Niveaudifferenzierung eingesetzt werden.

Außerdem enthält dieses Themenheft Arbeitsblätter mit besonderen Schwerpunkten, die Sie an folgenden Symbolen erkennen:

Projekt · Spiel · Experiment · Rätsel · Interview

Am Ende dieses Heftes finden Sie außerdem eine Liste mit den wichtigsten Fachbegriffen als Hilfe für schwächere Schüler sowie eine Lernzielkontrolle mit Fragen zum Inhalt des gesamten Heftes.

Zusatzmaterial

Das Zusatzmaterial (Download) enthält

- die Arbeitsblätter dieses Heftes im editierbaren Word-Format, sodass Sie die Arbeitsblätter selbst anpassen können,
- die Lösungen zu den Arbeitsblättern (PDF) und
- Extras.

[1] Wir sprechen hier wegen der besseren Lesbarkeit von Schülern bzw. Lehrern in der verallgemeinernden Form. Selbstverständlich sind auch alle Schülerinnen und Lehrerinnen gemeint.

Vorwort und Hinweise

Tipps für die Praxis

- Es empfiehlt sich ein Besuch bei der Feuerwehr, bei dem Feuerwehrleute den Schülern die Geräte in Originalgröße zeigen und erklären.
- Bei den Experimenten ist es selbstverständlich unverzichtbar, einen mit Sand oder Wasser gefüllten Eimer in greifbarer Nähe zum Löschen aufzustellen und die Kinder nicht unbeaufsichtigt zu lassen.
- Für die Kinder ist es ein besonderes Erlebnis, wenn sie die Versuche gemeinsam mit einem Feuerwehrmann oder einer Feuerwehrfrau durchführen können.
- Im Anschluss an die Unterrichtseinheit kann im Sommer ein tolles Abschlussfest mit dem Motto „Rund um die Feuerwehr“ gestaltet werden. Feuerwehr-Rap, Eimerketten-Spiel und Verkleidungsstaffel sowie Grillwürste dürfen dabei natürlich nicht fehlen!

Auf der Feuerwache

1. Lies dir das Interview durch, das Wilma Waschbär geführt hat.

Wilma Waschbär: Hallo Herr Schröder! Feuerwehrleute sind immer für einen Einsatz bereit, auch nachts. Wie machen Sie das?

Helge Schröder: Hallo Wilma, willkommen in unserer Feuerwache! Du kannst gerne Helge zu mir sagen.

Damit wir auch nachts schnell zu Einsätzen fahren können, schlafen wir in Betten auf der Wache. Unterwäsche und T-Shirt behalten wir an, die Schuhe haben wir ordentlich neben das Bett gestellt und die Hosen griffbereit danebengelegt.

Wilma Waschbär: Das ist ja schlau! Und was passiert bei einem Alarm?

Helge Schröder: Wenn die Alarmglocke schrillt, geht automatisch das Licht an. Dann steigen wir sofort aus den Betten, schlüpfen in die Hosen und Stiefel. Dann laufen wir los. Zum Zähneputzen ist keine Zeit! Über Rutschstangen gleiten wir hinab ins Erdgeschoss. Dort hängt die Schutzkleidung bereit, die ordentlich angezogen werden muss. Auf dem Weg zu den Feuerwehrfahrzeugen greifen wir dann noch unseren Helm, den Sicherheitsgurt mit dem Beil und die Schutzhandschuhe.

Wilma Waschbär: Und dann fahrt ihr los zum Einsatz?

Helge Schröder: Richtig. Hör mal, die Alarmglocke läutet. Komm schnell Wilma, wir müssen los!

2. Wo befindet sich was? Ordne mit Pfeilen zu.

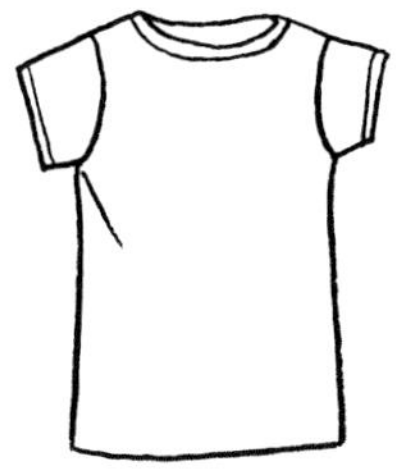
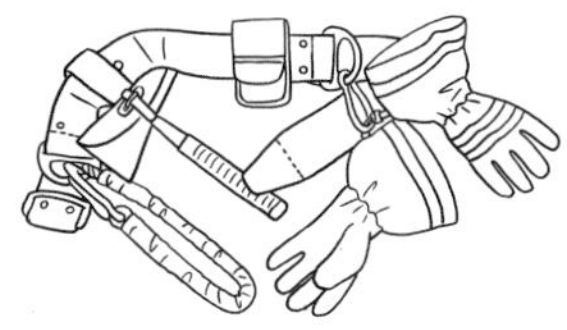
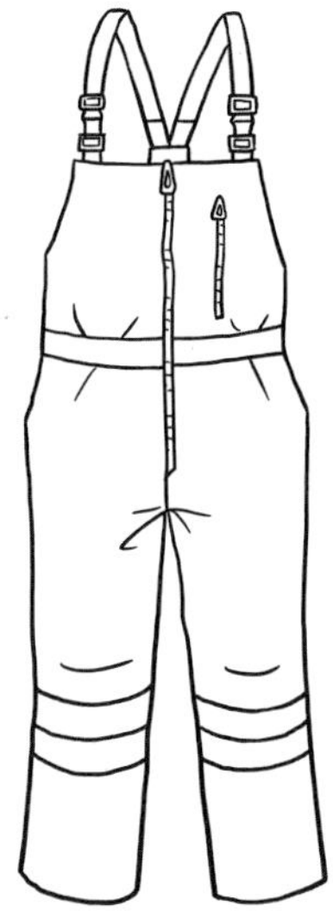

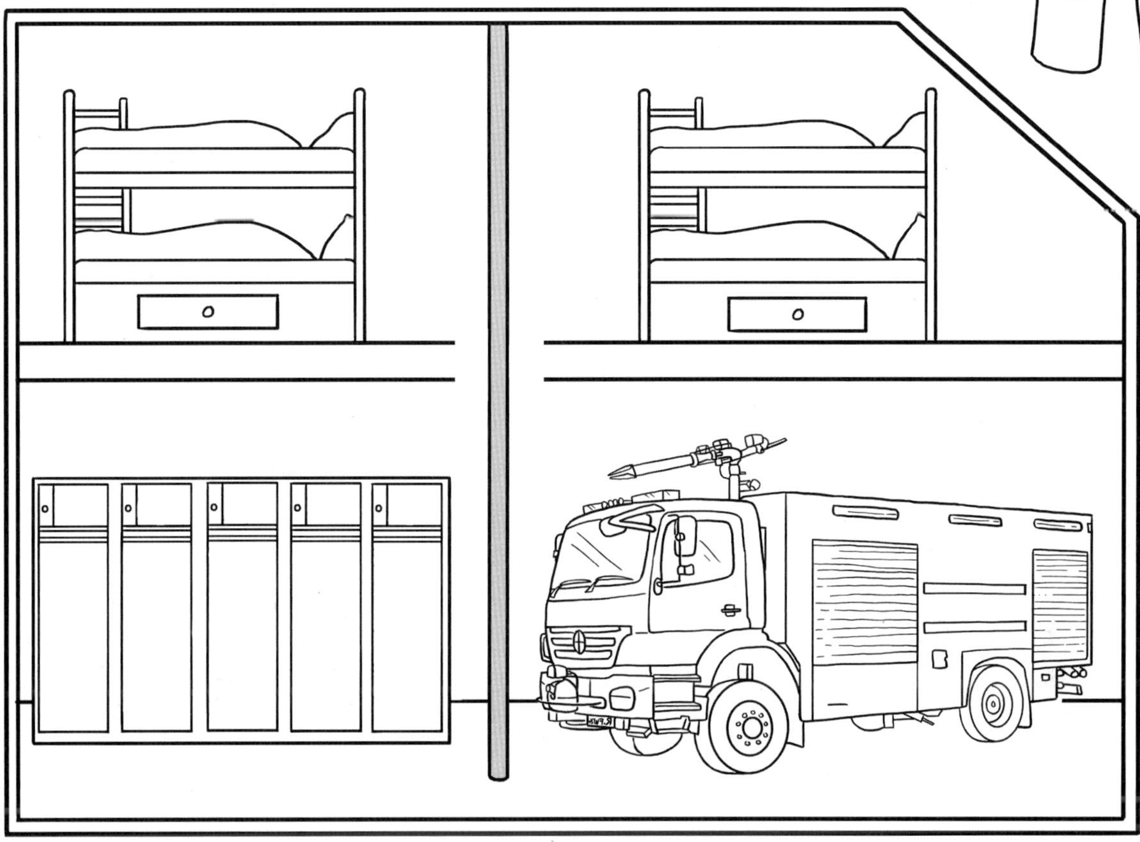

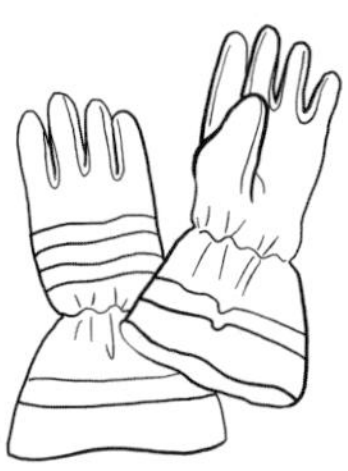

Im Feuerwehrfahrzeug

1. Lies das Interview, das Wilma Waschbär geführt hat.

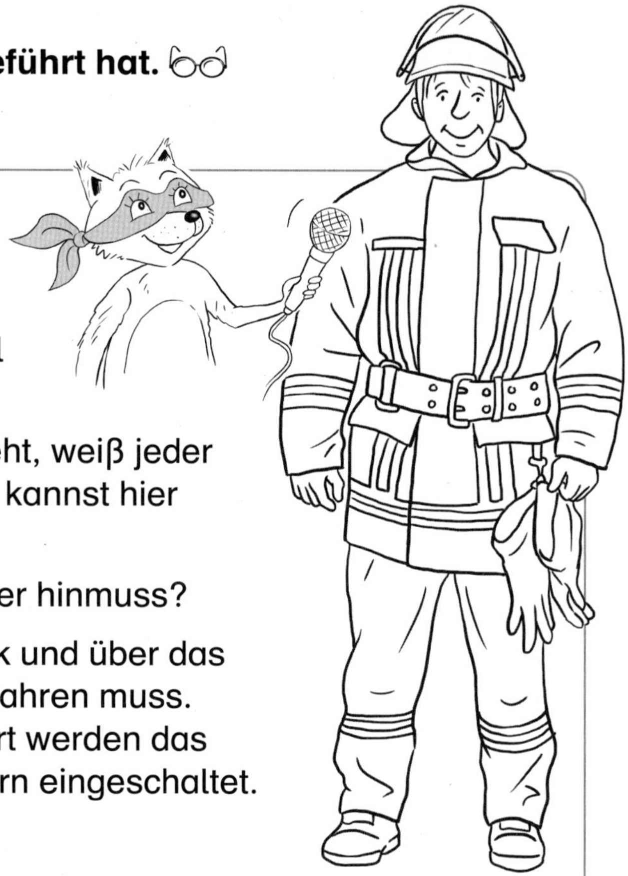

Wilma Waschbär: Jetzt muss es schnell gehen! Ich fahre mit den Feuerwehrleuten zu einem Einsatz! Alle steigen schnell in die Fahrzeuge.

Helge Schröder: Damit keine Zeit verloren geht, weiß jeder genau, wo sein Platz ist. Du kannst hier neben mir sitzen, Wilma.

Wilma Waschbär: Woher weiß der Fahrer, wo er hinmuss?

Helge Schröder: Der Fahrer erfährt über Funk und über das Navigationsgerät, wohin er fahren muss. Auf dem Weg zum Einsatzort werden das Blaulicht und das Martinshorn eingeschaltet.

Wilma Waschbär: Wozu das denn?

Helge Schröder: Blaulicht und Martinshorn warnen alle anderen auf der Straße. Sie müssen uns Platz machen und warten. Feuerwehrfahrzeuge im Einsatz haben immer Vorfahrt. Sogar an roten Ampeln! Denn beim Einsatz zählt jede Sekunde. Die Feuerwehr darf keine Zeit verlieren, wenn zum Beispiel ein Kind in Not ist oder wenn es brennt.

Wilma Waschbär: Das ist sehr gut! Jetzt sind wir auch schon gleich da …

2. Schreibe in die Kästchen: richtig (r) oder falsch (f)?

- Auf der Feuerwache muss unbedingt das Licht aus sein. ☐
- Im Feuerwehrfahrzeug muss jeder auf seinem Platz sitzen. ☐
- Der Einsatzort wird über Funk mitgeteilt. ☐
- Der Schlafraum muss ordentlich hinterlassen werden. ☐
- Blaulicht und Martinshorn warnen andere Verkehrsteilnehmer. ☐
- Feuerwehrfahrzeuge warten immer an der roten Ampel. ☐

Am Einsatzort

1. Lies das Interview, das Wilma Waschbär geführt hat.

Wilma Waschbär:	Jetzt sind wir am Einsatzort angekommen! Ein Haus brennt! Helge, wie geht es jetzt weiter?
Helge Schröder:	An der Brandstelle fragt der Einsatzleiter: „Sind Personen in Gefahr?“, „Sind Sie verletzt?“, „Was ist passiert?“ Mit Atemschutzgeräten gehen zwei Feuerwehrleute in das Haus, um Menschen zu retten. Die anderen rollen schon die Schläuche aus. Sie laufen zum nächsten Hydranten.
Wilma Waschbär:	Was ist denn ein Hydrant?
Helge Schröder:	Das ist ein Wasseranschluss, der extra für die Feuerwehr eingerichtet ist. Davon gibt es sehr viele in jeder Stadt. Kleine Hinweistafeln an den Straßen zeigen an, wo der nächste Unterflur-Hydrant zu finden ist. Oberflur-Hydranten kann man schon von weitem sehen. Nun werden die Schläuche an den Hydranten angeschlossen und mit der großen Wasserpumpe des Feuerwehrfahrzeugs verbunden. Von dort führen weitere Schläuche zur Brandstelle. Ich erkläre dir gleich, wie es weitergeht, Wilma!

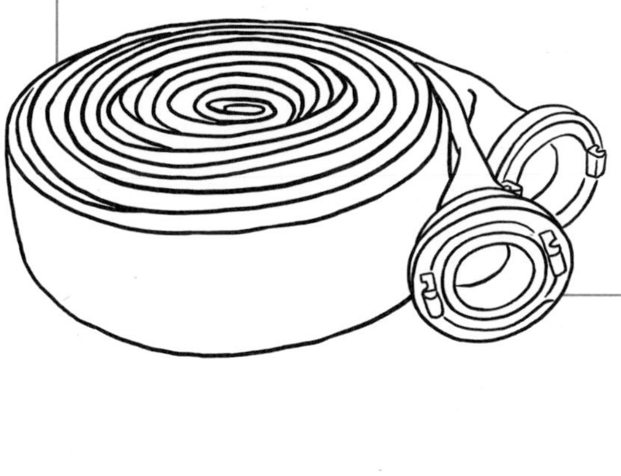

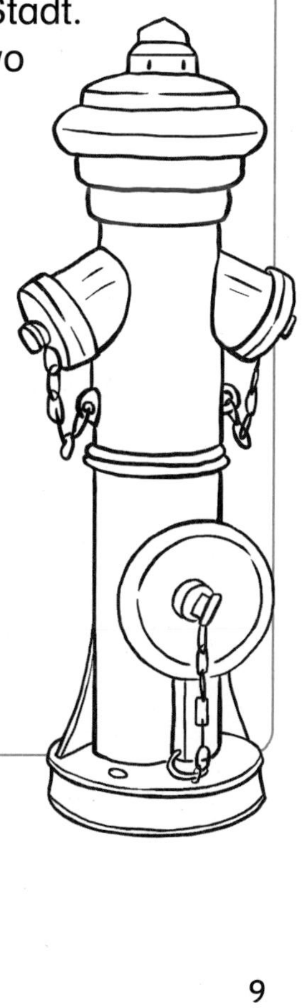

Am Einsatzort

2. Lösche das Feuer! Verbinde die Gegenstände mit selbst gemalten Feuerwehrschläuchen in der richtigen Reihenfolge.

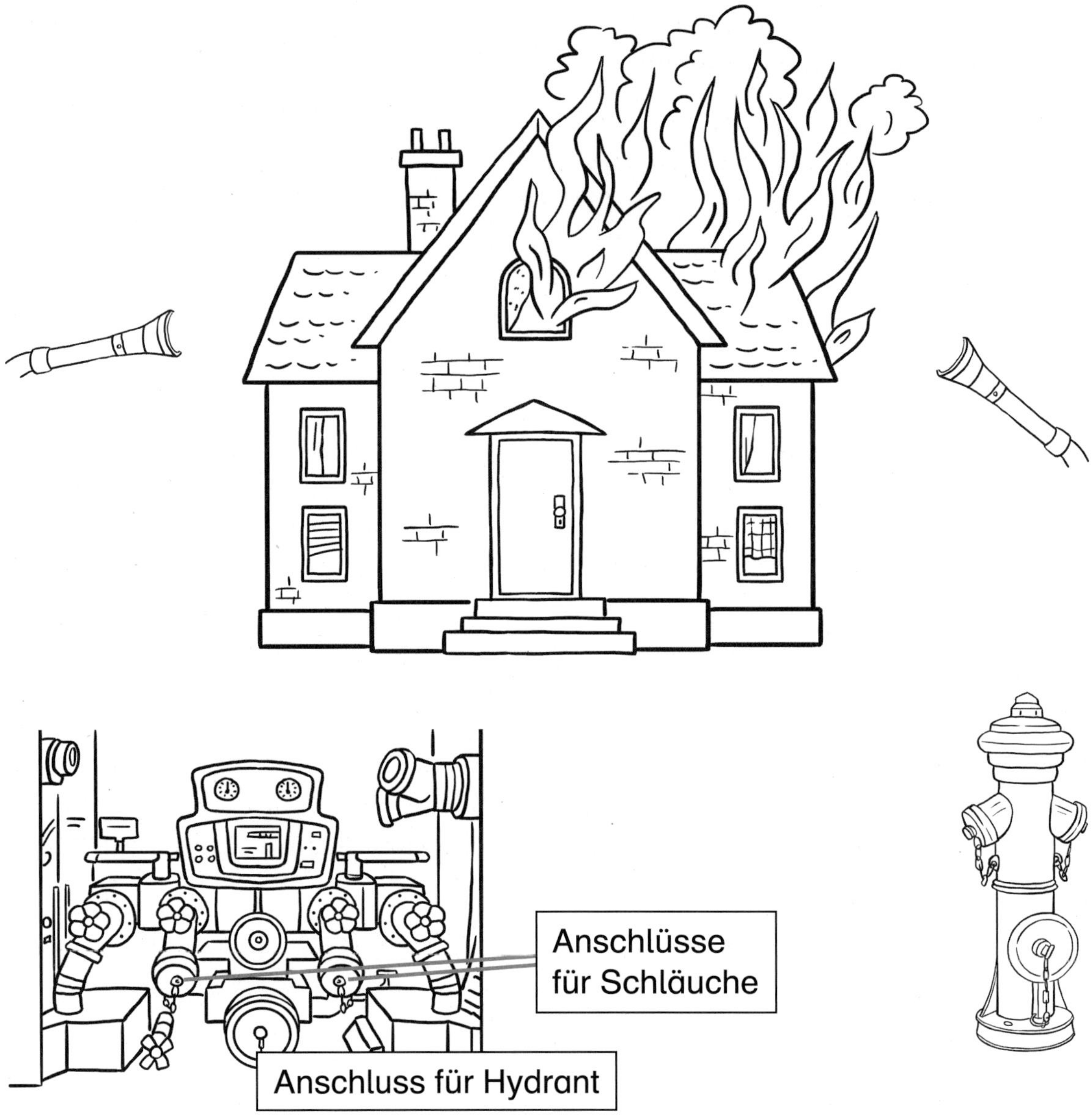

3. Beantworte die Fragen.

Was fragt der Einsatzleiter?

____

____

____

Woher holen die Feuerwehrleute das Wasser?

____

Wasser marsch!

1. Lies das Interview.

Wilma Waschbär: Jetzt wird gelöscht!

Helge Schröder: Richtig, wenn die Schläuche richtig angeschlossen sind, halten zwei Feuerwehrleute zusammen das Strahlrohr fest.

Dann sagt der Truppführer „Wasser marsch!“ und die Pumpen werden eingeschaltet.

Wilma Waschbär: Zum Glück ist das Feuer gleich gelöscht!

Helge Schröder: Ja, meine Kolleginnen und Kollegen haben gute Arbeit geleistet. „Feuer unter Kontrolle!“ wird gemeldet, wenn das Feuer sich nicht mehr weiter ausbreitet. Aber erst, wenn das Feuer komplett gelöscht ist, kommt die Meldung „Feuer aus“. Dann dürfen wir unsere Geräte einpacken und abrücken. Einige Kollegen bleiben noch einige Stunden als Brandwache vor Ort.

Wilma Waschbär: Und dann geht es zurück zur Feuerwache?

Helge Schröder: Genau. Auf der Feuerwache müssen wir dann alle Schläuche zum Trocknen aufhängen oder mit einem Gebläse trocknen. Anschließend werden die Schläuche geprüft und ausgetauscht oder repariert.

Wilma Waschbär: Dann wartet ja noch etwas Arbeit auf euch! Vielen Dank, dass du mir die Arbeit der Feuerwehr gezeigt hast, Helge!

Helge Schröder: Sehr gerne, Wilma! Komm uns mal wieder besuchen!

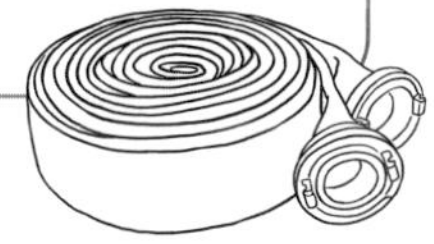

2. Beantworte die Fragen.

Welchen Befehl gibt der Truppführer?

____

Wann darf die Feuerwehr abrücken?

____

____

Was passiert mit den nassen Schläuchen?

____

____

Der Löschzug

1. Lies den Text.

Es gibt sehr viele Feuerwehrfahrzeuge, die aber bei einem Feuerwehreinsatz nicht alle automatisch mitfahren.

Grundsätzlich rückt immer der einfache Löschzug aus, der aus Einsatzleitwagen, dem Drehleiterfahrzeug und dem Hilfeleistungslöschfahrzeug besteht.

Außerdem gibt es noch Spezialfahrzeuge, die nur bei Bedarf hinzukommen. Dazu gehören z. B. der Rettungswagen, der verletzte Personen am Unfallort versorgen kann, das Tanklöschfahrzeug mit dem großen Wassertank, der Schlauchwagen mit vielen zusätzlichen Schläuchen und einer Pumpe sowie der Rüstwagen mit vielen zusätzlichen Geräten.

Welches Fahrzeug ausrücken muss, wird nach Notwendigkeit entschieden.

2. Was ist richtig? Kreuze die richtige Antwort an.

- ☐ Es rücken immer alle Feuerwehrfahrzeuge aus.
- ☐ Es wird nach Notwendigkeit entschieden, welches Fahrzeug ausrückt.
- ☐ Das Hilfeleistungslöschfahrzeug rückt grundsätzlich immer aus.

3. Lies die Texte über den generellen Löschzug. Verbinde die Texte jeweils mit dem richtigen Bild.

ELW
Der **Einsatzleitwagen** fährt immer mit. In ihm sitzt der Einsatzleiter. Der Einsatzleiter macht sich ein Bild von der Lage und teilt die Einsatzkräfte ein. Er hält ständig Kontakt zur Zentrale.

HLF
Das **Hilfeleistungslöschfahrzeug** verfügt über sehr viele technische Geräte, die häufig gebraucht werden. Das ist wichtig, da die Einsatzleitung häufig erst auf dem Weg zum Einsatzort erfährt, um welche Art von Einsatz es sich handelt.

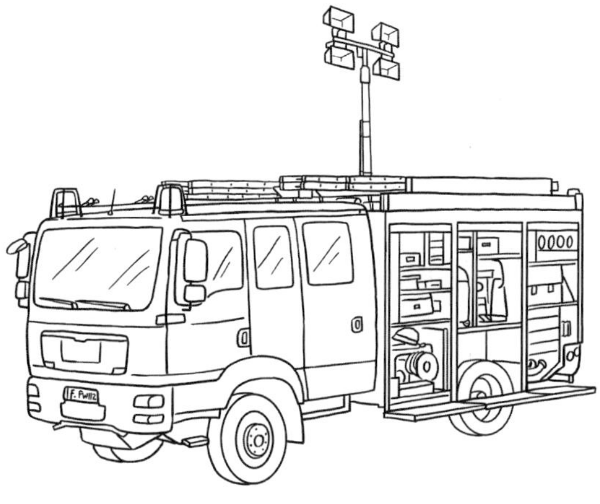

DLK
Das **Drehleiterfahrzeug mit Korb** ist wohl das bekannteste Feuerwehrfahrzeug. Es verfügt über eine 30 Meter lange, ausfahrbare und schwenkbare Leiter. Am Ende ist ein Metallkorb angebracht, mit dem Menschen in Sicherheit gebracht werden können.

4. Lies die Texte über die Spezialfahrzeuge. Verbinde die Texte jeweils mit dem richtigen Bild.

SW
Der **Schlauchwagen** dient zur Löschwasserbeförderung über längere Wegstrecken, wenn Hydranten nicht funktionieren oder weiter entfernt sind. Viele Schläuche und zusätzliche Pumpen transportieren das Löschwasser.

RW
Der **Rüstwagen** kommt dann zum Einsatz, wenn das HLF nicht ausreicht. Auf diesem Spezialfahrzeug befinden sich viele Geräte zur technischen Hilfeleistung wie Stromerzeuger, Seilwinde, Sägen, Akku-Schrauber und hydraulische Rettungsgeräte.

RTW
Bei Bränden und Unfällen kommt immer der **Rettungstransportwagen** zum Einsatz. Außerdem wird er benötigt, wenn Menschen verletzt oder in Gefahr sind. Hier fährt ein ausgebildeter Notfallsanitäter mit, der eine Erstversorgung der Verletzten vornimmt und sie ins Krankenhaus bringen kann.

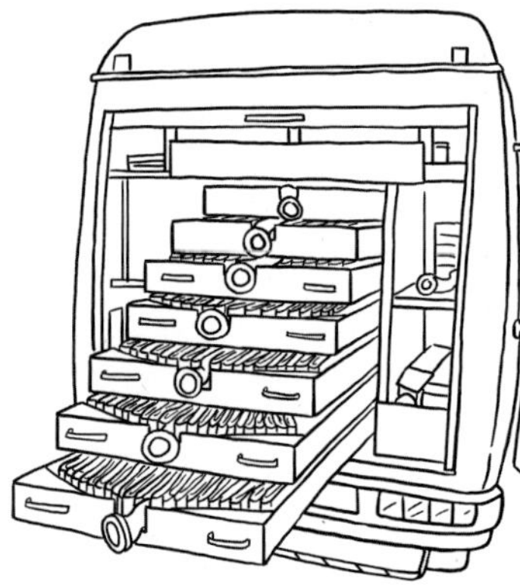

TLF
Das **Tanklöschfahrzeug** wird bei besonders schweren Brandeinsätzen benötigt. Es ist mit einem großen Wassertank ausgestattet, kann Löschwasser aus vorgegebenen Entnahmestellen pumpen und zur Verfügung stellen. Oft hat es einen Wasserwerfer auf dem Dach.

Die technischen Geräte

1. Lies den Text.

Wenn die Feuerwehr den Auftrag bekommt, bei einem Verkehrsunfall zu helfen, kommt zuerst das Hilfeleistungslöschfahrzeug zum Einsatz. Dieses Fahrzeug wurde entwickelt, weil die Feuerwehr inzwischen sehr oft zur technischen Hilfeleistung gerufen wird. Das bedeutet, dass die Feuerwehr bei ihrem Einsatz Geräte benötigt wie zum Beispiel eine Motorsäge oder einen Stromgenerator, der Pumpen und Lichtmasten mit Strom versorgt. Weil bei der Feuerwehr oft jede Sekunde zählt, wird in diesen Fällen ein Fahrzeug benötigt, das sowohl über Löschgeräte als auch über technische Geräte verfügt – das Hilfeleistungslöschfahrzeug.

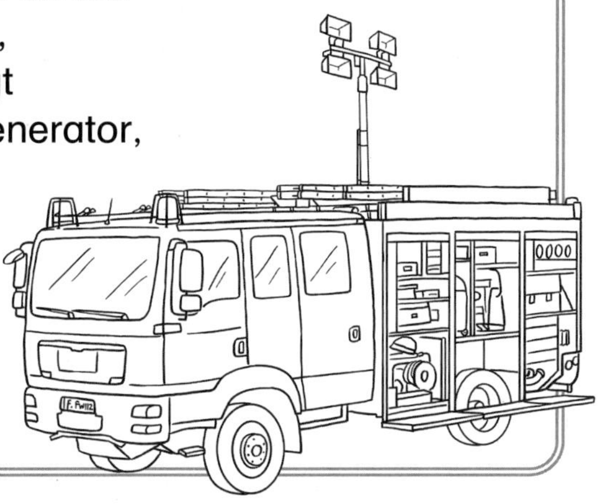

2. Welche technischen Geräte werden bei den folgenden Einsätzen benötigt? Verbinde die passenden Bilder und Texte mit Linien. Achtung: Zu zwei Texten gehören zwei Bilder!

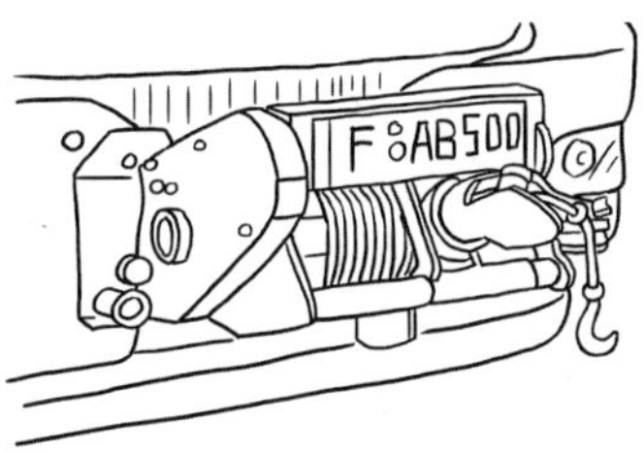

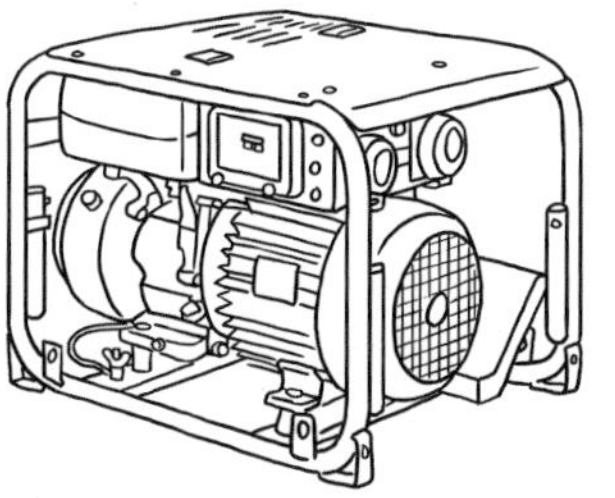

Bei Sturm ist ein großer Baum auf die Straße gefallen. Er muss zersägt und von der Fahrbahn geschafft werden.

Ein Auto ist von der Fahrbahn abgekommen und im Straßengraben gelandet. Es muss herausgezogen werden.

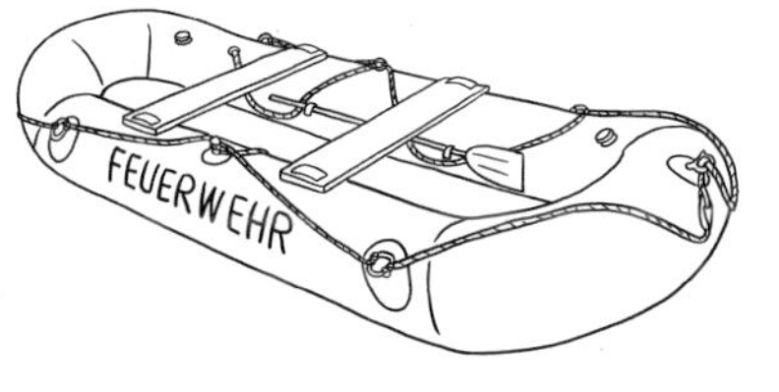

Bei Nacht ist ein Lastwagen ins Schlingern geraten und hat seine Ladung verloren, die wieder eingesammelt werden muss.

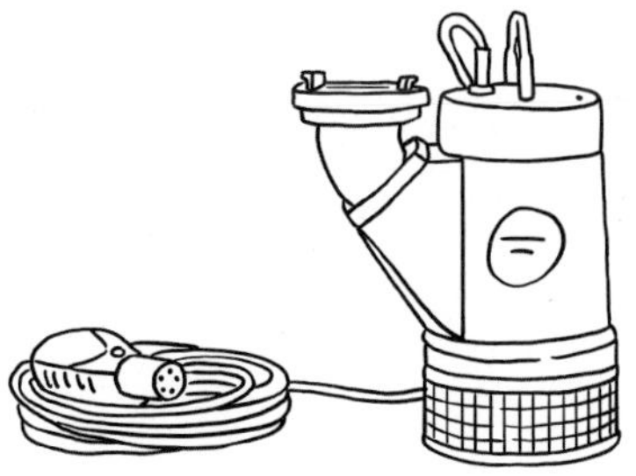

Ein Fluss ist bei Hochwasser über die Ufer getreten. Einige Keller und Wohnungen sind voll Wasser gelaufen. Menschen müssen gerettet und Keller leer gepumpt werden.

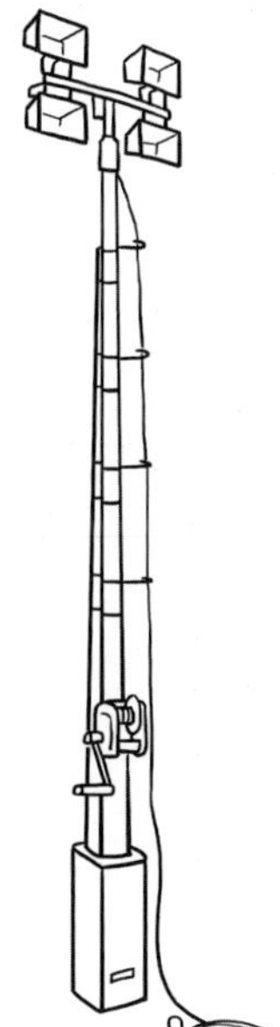

Die Ausrüstung

1. Lies das Interview, das Wilma Waschbär geführt hat.

Wilma Waschbär: Heute treffe ich mich mit Eyleen Blume. Sie ist Feuerwehrfrau und wird mir ihre Ausrüstung erklären. Hallo Frau Blume!

Eyleen Blume: Hallo Wilma, du kannst mich gerne Eyleen nennen. Schaue dir mal meine Kleidung an. Sie ist ganz besonders, denn alle Feuerwehrleute müssen sich vor extremer Hitze und anderen schädlichen Einflüssen schützen. Deswegen hat unsere Kleidung einen besonderen Schutz vor Feuer.

Wilma Waschbär: Oh ja, ich sehe schon. Und du hast auch Reflektorstreifen, die sehen toll aus!

Eyleen Blume: Wir sind mit speziellen Jacken und Hosen ausgerüstet, die Reflektorstreifen haben, damit man uns auch nachts gut sehen kann. Schaue dir auch mal meinen Helm an. Er hat einen Nackenschutz und schützt mich, wenn mal etwas herunterfällt.

Wilma Waschbär: Handschuhe hast du ja auch! Die sind aber ziemlich groß...

Eyleen Blume: Die richtigen Handschuhe sind besonders wichtig, da sie unterschiedliche Aufgaben erfüllen müssen. Wer bei der Feuerwehr arbeitet, hat gelernt, aus welchen Materialien die Handschuhe für den jeweiligen Einsatz sein müssen.

Wilma Waschbär: Dein Gürtel sieht auch ganz besonders aus.

Eyleen Blume: Das ist mein Feuerwehr-Sicherheitsgurt. Daran befinden sich eine Öse und ein Karabinerhaken. Mit einer Leine kann ich mich sichern und notfalls abseilen.

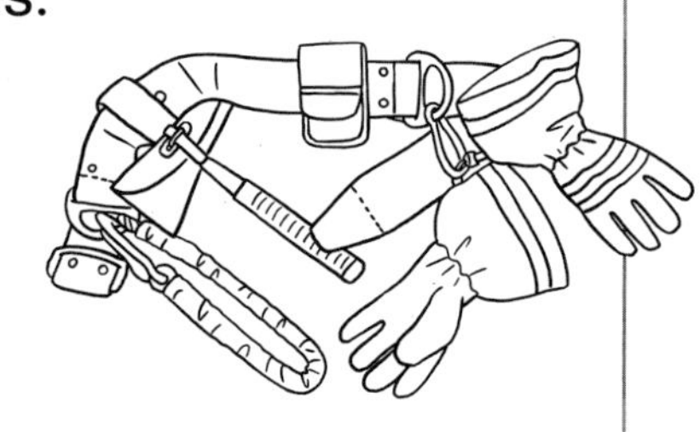

Wilma Waschbär: Und was ist das für eine Maske?

Eyleen Blume: Bei Bränden müssen wir auch in verqualmte Räume hineingehen. Dort schützt mich dieses Atemschutzgerät vor giftigen Gasen. Die Atemmaske wird an die Pressluftflasche angeschlossen und versorgt mich mit Atemluft.

Wilma Waschbär: Danke, dass du mir alles erklärt hast, Eyleen!

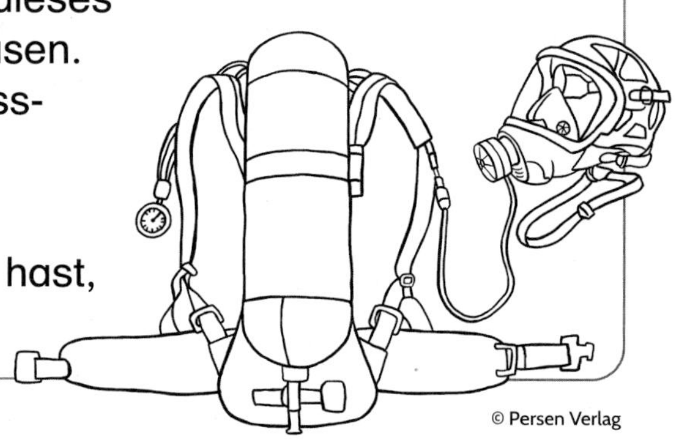

2. Benenne die Ausrüstung.

Die Berufsfeuerwehr

1. Lies den Text.

Bei der Berufsfeuerwehr ist immer mindestens ein Löschzug einsatzbereit. Die Berufsfeuerwehrleute haben meistens 24 Stunden Dienst, danach haben sie 24 Stunden frei. Da die Arbeit bei der Feuerwehr sehr anstrengend ist, müssen Feuerwehrleute gesund und fit sein. Dafür treiben sie regelmäßig Sport. Damit die Feuerwehrleute verletzten Menschen helfen können, sind außerdem alle Feuerwehrleute mindestens zum Rettungssanitäter ausgebildet. Wer nicht schwindelfrei ist, kann nicht bei der Feuerwehr arbeiten. Denn nur schwindelfreie Menschen können auf der Drehleiter 30 Meter in die Höhe steigen.

2. Beantworte die Fragen zum Text.

1. Was gibt es in jeder größeren Stadt? ______________________________

2. Was ist bei der Berufsfeuerwehr Tag und Nacht einsatzbereit?

   ____

3. Wie lange dauert ein Arbeitstag bei der Berufsfeuerwehr?

   ____

4. Worin sind alle Feuerwehrleute ausgebildet?

   ____

5. Warum muss ein Feuerwehrmann schwindelfrei sein?

   ____

3. Recherchiere im Internet: Gibt es in deiner Umgebung eine Berufsfeuerwehr? Was hast du über sie herausgefunden?

Die freiwillige Feuerwehr

1. Lies den Text.

Die Männer und Frauen von der freiwilligen Feuerwehr haben andere Berufe. Sie sind zum Beispiel Maurer, Tischler, Verkäuferin, Mechanikerin oder Lehrer. Tag und Nacht tragen sie einen Digitalen Meldeempfänger (DME) bei sich.
Wenn ein Feuerwehreinsatz nötig ist, werden sie über ihren DME „angepiept". Dann lassen sie bei ihrer Arbeit oder in ihrer Freizeit alles stehen und liegen. Eilig rennen oder fahren sie zum Feuerwehrgerätehaus und rücken mit den Feuerwehrfahrzeugen aus. Sie halten regelmäßig Übungen ab, damit im Ernstfall alles schnell geht.

2. Informiere dich und beantworte die folgenden Fragen.

1. Welche Art von Feuerwehr gibt es in deiner Stadt?

   ____

2. Welche Berufe könnten freiwillige Feuerwehrleute haben?

   ____

   ____

   ____

3. Was tragen die Mitglieder der freiwilligen Feuerwehr Tag und Nacht bei sich?

   ____

4. Was tun die Mitglieder der freiwilligen Feuerwehr, wenn sie zu einem Einsatz gerufen werden?

   ____

5. Warum ist die freiwillige Feuerwehr so wichtig?

   ____

   ____

Die Aufgaben der Feuerwehr

Retten

Löschen

Bergen

Schützen

1. **Male das Wort oben und das passende Bild im Feuerwehr-Logo in derselben Farbe an.**

2. **Lies dir die Texte unten durch. Schreibe dann die vier Überschriften zum jeweiligen Absatz.**

____

Wenn Fahrzeuge mit gefährlichen Gütern, wie zum Beispiel Tankwagen, in den Straßengraben rutschen, müssen sie geborgen werden. Die Feuerwehr kommt, um das Fahrzeug wieder auf die Straße zu bringen. Öl oder andere gefährliche Flüssigkeiten werden mit einem Bindemittel abgestreut, damit sie nicht in den Boden eindringen.

____

Menschen und Tiere, die in Not sind, müssen gerettet werden. Wenn z. B. jemand einen Unfall hatte und im Auto eingeklemmt wurde, befreit die Feuerwehr den Menschen und bringt ihn mit dem Rettungswagen ins Krankenhaus. Bei Überschwemmungen bringt die Feuerwehr die Menschen mit Rettungsbooten in Sicherheit.

____

Brennende Häuser, Autos oder Mülltonnen müssen gelöscht werden. Die Feuerwehrleute wissen immer genau, worauf sie beim Löschen achten müssen, um sich selbst und andere Menschen nicht in Gefahr zu bringen.

____

Die Feuerwehr klärt Menschen auch über Gefahren auf, um sie zu schützen. Beim „Tag der Feuerwehr" kannst du viel über ihre Arbeit und mögliche Gefahren im Alltag erfahren. In großen Gebäuden müssen Feuerlöscher und Fluchtwege vorhanden sein.

Feuerwehreinsätze

1. Lies die Meldung.

Am Donnerstag zur Hauptverkehrszeit: ein Unfall in der Eisenbahnstraße. Zum Glück haben alle Verkehrsteilnehmer eine Rettungsgasse gebildet. So konnte die Feuerwehr die Menschen aus dem Unfallauto schnell befreien und ihnen helfen. Sie wurden sofort ins Krankenhaus gebracht.

2. Beantworte die Fragen. Recherchiere eventuell im Internet.

1. Was ist eine Rettungsgasse?

____

2. Warum ist die Rettungsgasse für den Rettungswagen so wichtig?

____

3. Lies den Zeitungsbericht.

Im Mehrfamilienhaus am Sandweg steigt schwarzer Qualm aus einem Fenster. Eine Mutter steht mit ihrem Kind auf dem kleinen Balkon und wartet auf Hilfe. Schon sind die Sirenen der Feuerwehr zu hören. Menschen, die vor dem Haus stehen, machen sofort Platz, als das Einsatzfahrzeug um die Ecke kommt. So kann das große Drehleiterfahrzeug schnell abgestellt und die Drehleiter ausgefahren werden.

Mutter und Kind werden im Korb des Drehleiterfahrzeugs in Sicherheit gebracht. Auch das Feuer ist schnell gelöscht.

4. Beantworte die Fragen. Recherchiere eventuell im Internet.

1. Was haben Mutter und Kind richtig gemacht?

____

2. Was haben die Menschen auf der Straße gut gemacht?

____

____

Der Feuerwehr-Notruf 112 – Teil 1

1. Lies den Text.

Pauline ist zehn Jahre alt. Sie hat von ihrer Mutter eine lange, rote Adventskerze geschenkt bekommen. Jeden Tag schaut Pauline zu, wie ihre Kerze ein kleines Stückchen weiter abbrennt.

Heute hat Paulines Mutter sich beim Einkaufen verspätet. Eigentlich soll Pauline keine Kerzen anzünden, wenn sie alleine ist. Doch sie denkt: „Mama kommt ja bestimmt gleich." So steckt sie ihre Kerze an und guckt zu, wie die Flamme das Wachs schmilzt.

Aber als sie gegen den Tisch stößt, kippt die Kerze um und die Tischdecke fängt sofort Feuer. Pauline versucht, das Feuer auszupusten, aber die Decke brennt immer weiter.

Da läuft sie in die Küche, greift zum Telefon und wählt die richtige Nummer: 112.

Am anderen Ende meldet sich ein Feuerwehrmann und stellt wichtige Fragen, die Pauline kurz und korrekt beantworten soll.

2. Was antwortet Pauline dem Feuerwehrmann? Kreise die richtigen Antworten ein.

Der Feuerwehrmann fragt: „Wie heißt du?"

Pauline antwortet …

„Mama sagt Paulinchen zu mir."   „Pauline Hinrichs."   „Papas Liebling."

Der Feuerwehrmann fragt: „Was ist passiert?"

Pauline antwortet …

„Die Tischdecke brennt."   „Mama ist einkaufen."   „Ich habe schon versucht zu löschen."

Der Feuerwehrmann fragt: „Wo ist es passiert?"

Pauline antwortet …

„Bei uns in der Stube."   „Gegenüber vom Stadtpark."   „Martinistraße 25, im Erdgeschoss."

Der Feuerwehr-Notruf 112 – Teil 1

Der Feuerwehrmann fragt: „Gibt es Verletzte?“

Pauline antwortet …

„Letzte Woche habe ich mir in den Finger geschnitten.“

„Nein, ich bin allein und mir geht es gut.“

„Ich glaube schon!“

Der Feuerwehrmann sagt dann: „Schließe Fenster und Türen! Bringe dich in Sicherheit. Warte dort. Die Feuerwehr ist schon auf dem Weg!“

3. Denke dir mit einem Partner eine ähnliche Situation aus. Übt das Telefonat mit der Feuerwehr.

A) Bei einem Brand

B) Bei einem Unfall

Der Feuerwehr-Notruf 112 – Teil 2

1. Setze die richtigen Wörter in die Lücken im Text ein.

brennen • verbrennen • Feuer • brennen

Im Haus gibt es viele Gefahren, die ein Feuer verursachen können:

- Öl kann in der Pfanne zu heiß werden und ______________________.

- Ein heißes Bügeleisen kann umkippen. Dabei fängt die Wäsche leicht an zu __________________.
- Eine Gardine kann durch einen Windstoß in eine brennende Kerze wehen. Sie fängt dann sofort ____________________.

- Manchmal kippen auch Weihnachtsbäume um. Sie sind trocken und __________________ besonders gut.

2. Lies den Text über das richtige Verhalten bei Feuer und über den Feuerwehr-Notruf.

1. Verlasse den Raum, in dem es brennt. Schließe die Tür, damit sich das Feuer nicht so schnell ausbreiten kann.
2. Wenn ein Erwachsener in der Nähe ist, sage ihm Bescheid.
3. Gehe zum Telefon und rufe die Feuerwehr an. Die Nummer ist in ganz Deutschland gleich: **112**

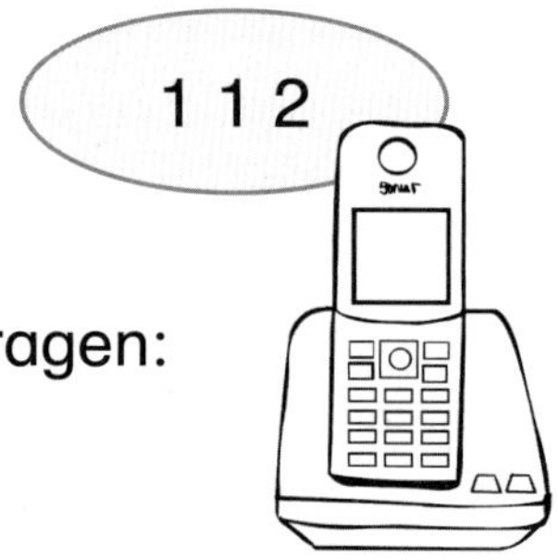

4. Beantworte langsam und deutlich die vier wichtigsten Fragen:
   - Wie heißt du?
   - Was ist passiert?
   - Wo ist es passiert?
   - Gibt es Verletzte?
5. Warte auf Rückfragen. Die Feuerwehr ist schon unterwegs.

Gefährliche Situationen im Haus

1. Im Haus gibt es viele Gefahren, die ein Feuer verursachen können. Kreise gefährliche Situationen auf den Bildern ein.

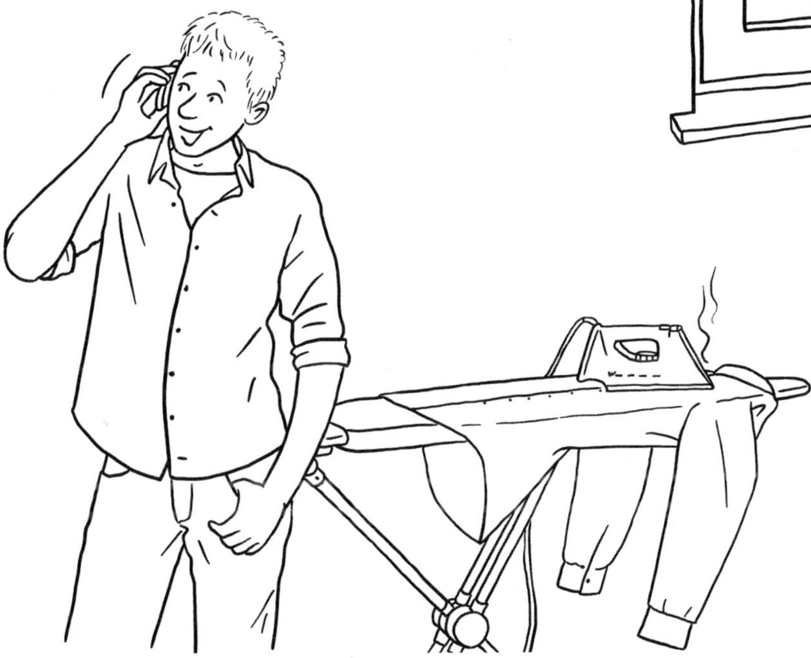

2. Überlege, welche Situationen im Haushalt außerdem gefährlich sind.

Als es noch keine Feuerwehr gab

1. Lies den Text.

Ein Wächter klettert schnell auf den Wachturm der Stadtmauer. „Feurioooo!", schreit er immer wieder. „Es brennt im Lehmweg Nummer 4!"
Die Menschen in der Stadt wissen sofort, was zu tun ist. Schnell stürzen alle Bewohner aus den umliegenden Häusern heraus. Mit Holzeimern laufen sie zum Brunnen. Blitzschnell bilden sie eine Eimerkette vom Brunnen bis zum brennenden Haus.

Ein Mann füllt die Eimer am Brunnen mit Wasser. Die vollen Eimer werden von einem Menschen zum anderen gereicht. Der Letzte schüttet das Wasser ins Feuer, um es zu löschen.
Je mehr Menschen helfen und je mehr Eimer es gibt, umso besser kann das Feuer gelöscht werden.

So war es noch vor 200 Jahren. Damals waren viele Häuser aus Holz gebaut. Man kochte noch über dem Feuer und hatte Öllampen und Kerzen.
Alle Häuser waren in Gefahr, wenn es erst einmal brannte. Die Häuser standen sehr eng beieinander. Ein Feuer konnte sich sehr schnell ausbreiten.
Manchmal, wenn ein Haus nicht mehr gelöscht werden konnte, riss man die Nachbarhäuser einfach ab um zu verhindern, dass die ganze Stadt abbrannte.

2. Setze ein: richtig (r) oder falsch (f)?

- ◯ Der Wächter wählt 112.
- ◯ Der Wächter ruft vom Turm: „Feurio!"
- ◯ Alle kommen mit Eimern zum Brunnen.
- ◯ Alle Häuser in der Stadt waren in Gefahr.
- ◯ Jede Stadt hatte früher eine freiwillige Feuerwehr.
- ◯ Zur Brandbekämpfung wurden auch Häuser abgerissen.

Wie entsteht eigentlich Feuer?

1. Lies den Text und unterstreiche die wichtigen Inhalte.

Ein Feuer kann nur brennen, wenn vier Voraussetzungen erfüllt sind:

1. Es muss einen **Brennstoff** geben, zum Beispiel Holz, Papier, Kohle oder Wachs.
2. Es muss **Sauerstoff** zur Verfügung stehen, der meistens aus der Luft kommt.
3. Es muss **Wärme** gegeben sein, wie zum Beispiel von einem Funken.
4. Alles zusammen wird aber nur ein Feuer, wenn das Mengenverhältnis stimmt.

Fehlt eine dieser Zutaten, wird kein Feuer entstehen, oder es erlischt.
Das Verbrennungsdreieck zeigt dir, wann ein Feuer entsteht:

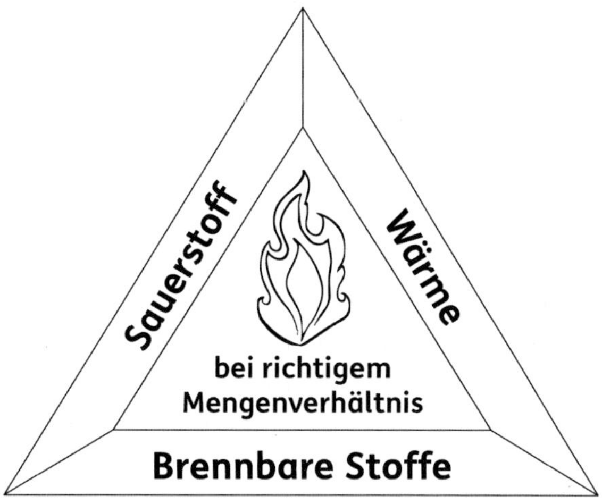

Du kannst dir das Feuer auch wie einen Tisch mit vier Beinen vorstellen.

Das Feuer (= die Tischplatte) hält sich nur, wenn es von allen vier Beinen gehalten wird. Fehlt ein Bein, kippt der Tisch um. Fehlt eine Voraussetzung, erlischt die Flamme.

2. Trage die vier Voraussetzungen für ein Feuer in die Beine des Tisches ein.

Feuer entsteht			
1.	2.	3.	4.

Löschversuche

Achtung: Diesen Versuch dürft ihr nur durchführen, wenn ein Erwachsener dabei ist. Stellt auch einen Wassereimer auf, damit ihr notfalls löschen könnt!

Ihr braucht:

- feuerfesten Untersatz (z. B. ein Backblech)
- Teelicht
- Glas
- Schere
- Streichhölzer

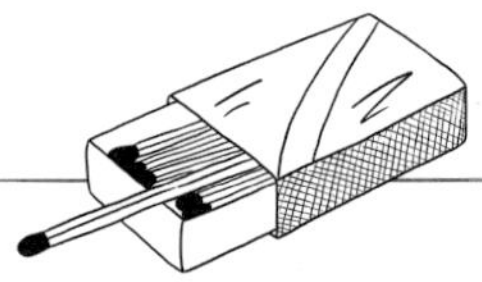

1. Überlegt jeweils, wie man die Flamme löschen könnte, indem man dem Feuer jeweils ein „Tischbein“ (also eine notwendige Zutat) entzieht.

1a. Wie könnte man dem Teelichtfeuer den Brennstoff entziehen? Schreibt auf.

1b. Wodurch könnte man dem Teelichtfeuer den Sauerstoff entziehen? Schreibt auf.

1c. Wie nimmt man dem Feuer die Startwärme? Schreibt auf.

1d. Könnt ihr für ein „falsches Mischungsverhältnis“ sorgen, damit das Feuer nicht zustande kommt? Schreibt auf.

2. **Wenn ihr von eurem Lehrer die Erlaubnis bekommen habt, dürft ihr eure selbst erarbeiteten Versuche nun durchführen.**

3. **Zu welchem Versuch passt die jeweilige Erklärung? Schreibt auf.**

Die Flamme kühlt ab, die Wärmeenergie verringert sich, das Feuer geht aus.

____

Die Flamme wird vom Wachs getrennt. Der Nachschub fehlt. Das Feuer erlischt.

____

Die Flamme bekommt keinen Sauerstoff mehr aus der Luft und erstickt.

____

Die Wärme reicht nicht aus, es kommt keine Flamme zustande.

____

Kohlenstoffdioxidversuch

Manche Feuerlöscher sind mit Kohlenstoffdioxid gefüllt. Wie sie funktionieren, könnt ihr selbst mit einer Sprudelflasche mit kohlensäurehaltigem Mineralwasser ausprobieren. Bei diesem Versuch muss unbedingt das Fenster geöffnet sein, damit die Luft im Raum gut durchmischt ist.

Ihr braucht:

- eine Sprudelflasche, zur Hälfte mit Mineralwasser gefüllt
- ein Glas
- ein Teelicht
- Streichhölzer
- einen Gummistopfen (mit Bohrung)
- einen Gummischlauch
- ein Glasrohr (70 mm Durchmesser)

So geht es:

1. Zündet das Teelicht an und stelle es in das Glas.
2. Setze den Gummistopfen mit dem Glasrohr und dem Gummischlauch auf den Hals der geöffneten Sprudelflasche. Der Stopfen muss fest im Hals der Flasche sitzen. Das Glasrohr darf nicht ins Wasser ragen.
3. Schüttelt die Sprudelflasche leicht und haltet das Ende des Schlauches in das Glas mit dem Teelicht.

Schreibt eure Vermutung auf, was passiert.

____

Was beobachtet ihr? Schreibt es auf.

____

____

Erklärt eure Beobachtung.

____

____

Löschmittel

Lies die Texte.

Mit **Löschpulver** kann die Feuerwehr feste, flüssige und gasförmige Stoffe löschen. Das Löschpulver erstickt die Flammen.

Am häufigsten werden Brände mit **Wasser** gelöscht. Es kühlt die brennbaren Stoffe unter ihre Entzündungstemperatur ab, sodass das Feuer ausgeht.

Mit **Schaum** löscht die Feuerwehr vorwiegend brennende Flüssigkeiten. Schaum kühlt den Brennstoff einerseits unter die Entzündungstemperatur ab und erstickt andererseits die Flammen.

Kohlenstoffdioxid ist ein Gas, das auch zum Löschen verwendet werden kann. Es ist schwerer als Luft und kann den Sauerstoff aus der Luft verdrängen. So erstickt es die Flammen. Die Feuerwehr verwendet Kohlenstoffdioxid oft beim Löschen von elektrischen Anlagen, da dieses Gas keine Rückstände hinterlässt und so im Gegensatz zu Wasser keine Schäden anrichtet.

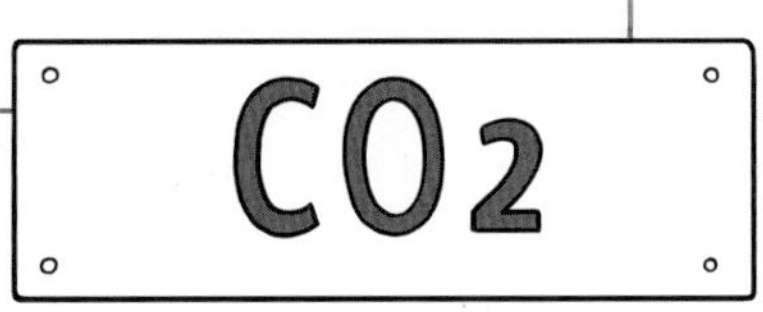

Wenn Wälder brennen, hilft es manchmal nur noch, das **brennbare Material zu entfernen**. Deshalb schlägt die Feuerwehr dann Schneisen in den Wald, damit die Flammen nicht auf weitere Bäume übergreifen können.

Feuerwehr-Verkleidungsstaffel

Ihr braucht:

- 1 Trillerpfeife
- 2 Eimer mit Sand
- 2 Verkehrshütchen
- 2 Stühle mit jeweils
  1 Fahrradhelm
  1 Paar Motorradhandschuhe
  1 Gürtel
  1 Paar große Gummistiefel

So geht es:

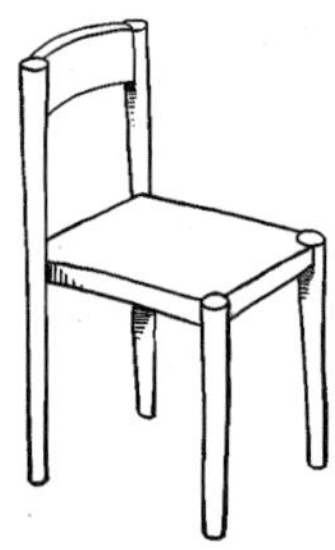

1. Baut das Spielfeld auf (am besten draußen): Stellt die beiden Stühle mit Abstand nebeneinander auf. Legt die Feuerwehrsachen auf die Stühle. Stellt in einem Abstand von ca. 6 m die beiden Verkehrshütchen als Wendepunkte auf.
2. Bildet aus allen Teilnehmern zwei gleich große Gruppen. Beide Gruppen stellen sich hinter ihren Stühlen auf.
3. Der Spielleiter gibt mit der Trillerpfeife das Startsignal. Daraufhin zieht sich der erste Spieler jeder Gruppe die Gummistiefel, den Gürtel und die Motorradhandschuhe an, setzt den Helm auf, nimmt den Eimer und läuft um das Verkehrshütchen herum zurück zu seiner Mannschaft.

4. Der zweite Spieler nimmt ihm die Ausrüstung ab, zieht sie selbst an, läuft mit dem Eimer um das Verkehrshütchen herum und gibt die Ausrüstung an den nächsten Spieler ab usw.

5. Gewonnen hat die Mannschaft, die als Erstes fertig ist!

Tipp: *Wenn die Spieler einer Mannschaft sich gegenseitig helfen, geht es schneller!*

Eimerketten-Spiel

Die Eimerkette ist
ein Staffelspiel für die ganze Klasse.
Ihr braucht zwei oder mehr
gleich starke Mannschaften.

Jede Mannschaft braucht:

- 1 kleinen Eimer mit Sand
- 2 Weckgläser mit je 2–3 brennenden Teelichten
- 1 Eierbecher für jeden Schüler

So geht es:

1. Baut draußen das Spielfeld auf: Stellt die beiden Weckgläser mit den brennenden Teelichten ca. 6 Meter vom Sandeimer entfernt auf.
2. Bildet zwei gleich große Gruppen. Die Gruppen bilden jeweils zwischen Gläsern und Eimer eine Eimerkette. Jeder hält seinen Eierbecher in der Hand.
3. Als Startzeichen ruft der Spielleiter: „Feurioooo!“
4. Nun müsst ihr schnell die mit Sand gefüllten Eierbecher durch die Reihe reichen und den Sand auf die Teelichte schütten.

5. Die leeren Eierbecher müssen in die andere Richtung zum Sandeimer gereicht werden, damit noch mehr Sand geholt werden kann.
6. Das Spiel ist beendet, wenn eine Gruppe alle Teelichte in ihrem Glas gelöscht hat und der Spieler bei den Weckgläsern ruft: „Feuer gelöscht!“

Überlegt: Wie schwer war es wohl, mit einer Eimerkette ein ganzes Haus zu löschen?

Feuerwehr-Kreuzworträtsel

Trage die gesuchten Begriffe in die Felder ein. Die Lösung ist der Ausruf eines Feuerwehrmannes.

1. An den Füßen trägt der Feuerwehrmann …
2. Dieser Wagen ist mit einer drehbaren Leiter ausgestattet.
3. Dieses Fahrzeug bringt Verletzte ins Krankenhaus.
4. Feuerwehrleute tragen ihn auf dem Kopf.
5. Sie gehört zum Atemschutzgerät.
6. Sie werden an den Hydranten angeschlossen und befördern das Wasser zum Feuer.
7. Feuerwehrleute arbeiten bei Tag und bei …
8. Er ist am Sicherheitsgurt befestigt.
9. Dieses Fahrzeug befördert die Ausrüstung der Feuerwehrleute.
10. Dieses Fahrzeug hat einen großen Wassertank.
11. An den Beinen trägt der Feuerwehrfrau eine …
12. Damit können umgefallene Bäume durchgesägt werden.
13. Daher holt die Feuerwehr das Löschwasser.
14. Das ist die Farbe der Feuerwehrfahrzeuge.
15. Es leuchtet auf jedem Feuerwehrfahrzeug.
16. Die Feuerwehr löscht …

1.
2.
3.
4.
5.
*
6.
7.
T
8.
9.
*
10.
11.
N
12.
13.
14.
L
15.
16.

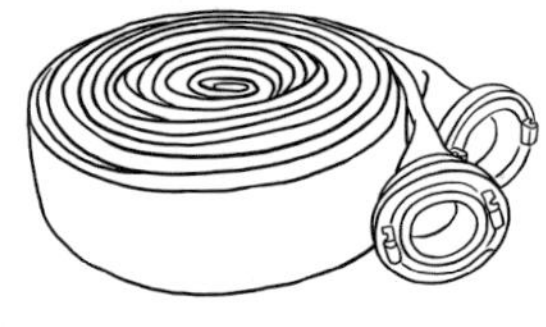

Sportlich wie die Feuerwehr

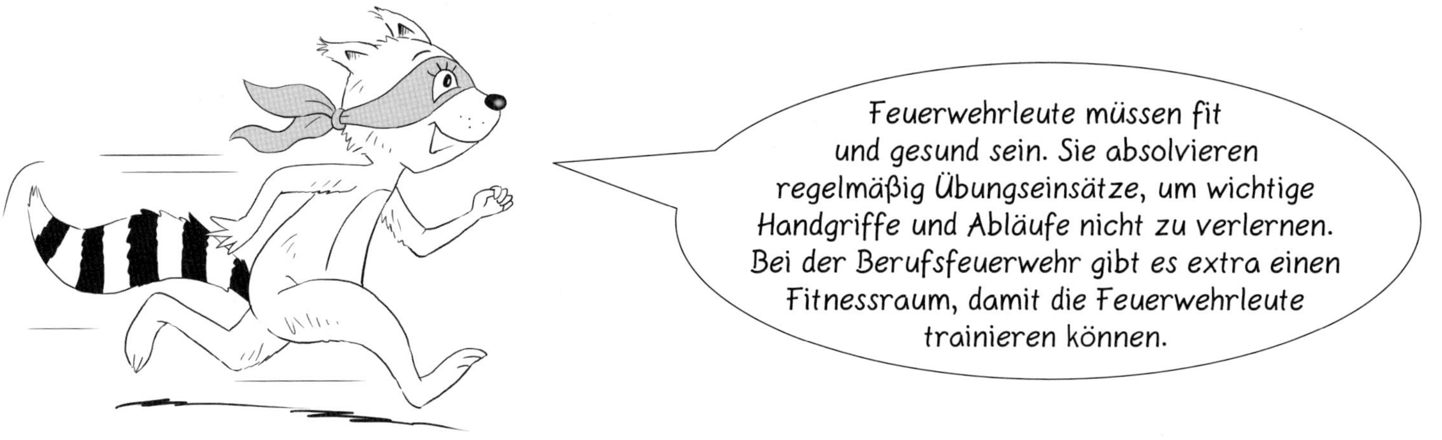

Bist du fit? – Das kannst du bei einer Feuerwehr-Turnstunde testen!

Gruppenspiele zum Aufwärmen:

a) Zum Einsatzwagen laufen:
2 Minuten Dauerlauf

b) Zum Einsatzort fahren:
Eine lange Schulterkette darf nicht reißen.

c) „Wasser marsch!":
Bälle als Wassereimer unter den Beinen durchreichen (Staffel).

Einzelspiele:

d) Feuerwehrrutsche:
an der Stange hinunterrutschen

e) Angst überwinden:
von der Sprossenwand auf den Weichboden fallen lassen

f) Sich vor Flammen schützen:
durch einen langen Tunnel (Matten, Bänke) kriechen

g) Tiere retten:
Medizinbälle als Tiere vom Floß (Kastendeckel) an Land (Weichboden) bringen

h) Menschen retten:
Partner huckepack von Kasten zu Kasten tragen

Feuerwehr-Fahrzeuge basteln

Du brauchst:

- viele verschiedene Schachteln
- Papprollen
- Schaschlikstäbe aus Holz
- kleine Glühlämpchen (oder blaue Holzperlen)
- Schere und Bastelkleber
- Pinsel
- rote, schwarze und blaue Plakatfarbe

So geht es:

1. Lege die Pappschachteln vor dich hin und überlege, welchem Feuerwehrfahrzeug sie am ähnlichsten sehen.
   Nimm z. B. eine kleine Schachtel als Führerhaus und eine große Schachtel als Aufbau für den Rüstwagen. Schneide Klappen und Fenster hinein.
2. Schneide Räder aus den Papprollen. Schneide einen Pappkreis, der genau in das Rad passt. In die Mitte musst du ein Loch stechen. Als Achse brauchst du einen Schaschlikstab.
3. Klebe die Teile des Feuerwehrfahrzeugs zusammen und lasse alles trocknen.
4. Male dein Feuerwehrauto möglichst originalgetreu an. Als Blaulicht kannst du Glühlämpchen oder blaue Holzperlen benutzen.
   Vielleicht kannst du ein Playmobilmännchen als Fahrer in das Fahrzeug hineinsetzen?
5. Welches Fahrzeug könntest du noch basteln?
   Wie könnte z. B. die Drehleiter aussehen?

Lernzielkontrolle

Name: ______________________________ Datum: ______________

1. Welche Farbe haben Feuerwehr-Fahrzeuge?

____

2. Welche Aufgaben übernimmt die Feuerwehr? Schreibe auf die Striche neben dem Logo.

______________________ ______________________

______________________ ______________________

3. Was gehört nicht zur Ausrüstung der Feuerwehrleute? Streiche durch.

Helm Beil Pistole Sicherheitsgurt
Schutzhandschuhe Zahnbürste Trinkflasche Hose
Kaugummi Atemmaske Stelzen Pressluftflasche
Jacke Karabinerhaken Reflektorstreifen

4. Welche Telefonnummer hat die Feuerwehr?

____

Lernzielkontrolle

5. Welche Fragen musst du beantworten, wenn du die Feuerwehr anrufst?

1. ______________________________

2. ______________________________

3. ______________________________

4. ______________________________

6. Wie nennt man den Wasseranschluss zum Feuerlöschen? Kreuze an.

☐ Hydrant ☐ Hydraulik ☐ Wasserwagen ☐ Gulli

7. Was braucht ein Feuer zum Brennen? Schreibe in das Verbrennungsdreieck.

8. Womit kann man ein Feuer löschen? Kreuze an.

☐ Wasser ☐ Wachs ☐ Schaum

☐ Holz ☐ Kohlendioxid ☐ Papier

☐ Sauerstoff

9. Warum ist es so gefährlich, mit Feuer zu spielen? Schreibe auf.

____

____

____

____

Fachbegriffe zum Thema „Die Feuerwehr"

Atemschutzgerät	Das Gerät schützt Feuerwehrleute z. B. in verqualmten Räumen vor dem Einatmen von Rauch und giftigen Gasen. Zum Atemschutzgerät gehören die Atemmaske, ein Lungenautomat, der an der Maske angeschlossen wird, und die Trageplatten mit den Rucksackgurten und der Pressluftflasche. 
Berufsfeuerwehr	Eine Berufsfeuerwehr gibt es in größeren Städten. Auf der Feuerwache warten Berufsfeuerwehrleute rund um die Uhr auf einen Einsatz. Feuerwehrmann oder -frau zu sein, ist ihr Beruf.
Blaulicht	Das Blaulicht befindet sich zusammen mit dem Martinshorn auf dem Dach der Feuerwehrfahrzeuge. Es warnt vor Gefahren oder zeigt an, dass die Feuerwehr im Einsatz ist. Andere Fahrzeuge müssen dem Fahrzeug mit Blaulicht Platz machen.
Brennstoff	Der Brennstoff wird neben Sauerstoff, der Startwärme und dem richtigen Mischungsverhältnis benötigt, damit ein Feuer entsteht (z. B. Holz, Öl, Papier, Kohle oder Wachs).
Feuerwache	Das Gebäude der Berufsfeuerwehr, in dem die Feuerwehrleute, die Geräte und der Löschzug ständig in Bereitschaft stehen.
Feuerwehr-gerätehaus	das Gebäude der freiwilligen Feuerwehr, in dem alle Fahrzeuge und Geräte bereitstehen.
Feuerwehr-Sicherheitsgurt	Ein Gurt, der zur Grundausstattung der Feuerwehrleute gehört; an ihm sind ein Karabinerhaken und ein Beil befestigt.
Freiwillige Feuerwehr	Die freiwillige Feuerwehr setzt sich aus freiwilligen Mitgliedern eines Ortes zusammen. Es gibt sie in Ortschaften, die zu klein für eine Berufsfeuerwehr sind. Im Gegensatz zur Berufsfeuerwehr können die Mitglieder der freiwilligen Feuerwehr nicht rund um die Uhr auf der Feuerwache sein, da sie andere Berufe haben.
Hydrant 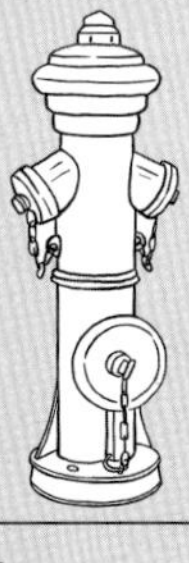	Der Hydrant ist ein Wasseranschluss am Straßenrand. Hydranten sind überall in den Ortschaften für die Feuerwehr eingerichtet. An ihnen können die Feuerwehrleute ihre Pumpen für die Schläuche anschließen und so Löschwasser entnehmen. Überflur-Hydranten sieht man schon von Weitem. Für Unterflur-Hydranten gibt es Hinweistafeln an den Straßenrändern.
Löschzug	Die zum Feuerlöschen eingesetzten Fahrzeuge der Feuerwehr nennt man zusammen Löschzug. Der Löschzug steht im Feuerwehrhaus und ist Tag und Nacht einsatzbereit. Er setzt sich zusammen aus Einsatzleitfahrzeug, Drehleiter und Hilfeleistungslöschfahrzeug.
Martinshorn	Ein Warnsignal an Feuerwehrfahrzeugen, das zusammen mit dem Blaulicht auf dem Weg zum Einsatzort eingeschaltet wird; es erzeugt Signaltöne, die andere Verkehrsteilnehmer warnen. Diese müssen dann dem Einsatzfahrzeug Platz machen.